Holt Spanish 3

Activities for Communication

HOLT, RINEHART AND WINSTON

A Harcourt Education Company

Orlando • Austin • New York • San Diego • Toronto • London

Printed in the United States of America

ISBN 0-03-074413-X

3 4 5 6 7 170 08 07

Table of Contents

To the Teacher

Oral communication is the most challenging language skill to develop and test. The ***¡Exprésate!*** *Activities for Communication* book helps students develop their speaking skills and gives them opportunities to communicate in many different situations. The Communicative Activities and Interpersonal Communication Cards provide a variety of information-gap activities, role-plays, and interviews to assist students with the progression from closed-ended practice to more creative, open-ended use of Spanish. The Picture Sequences provide image-based scenarios that allow students to creatively incorporate learned vocabulary, grammar, and functions from each chapter while working in pairs or groups. With the focus on conversation and real-life context, the activities in this book will help your students achieve the goal of genuine interaction as well as prepare them for the oral exam following each chapter test and the oral assessment items in the Alternative Assessment section of the *Assessment Program.*

Each chapter of *Activities for Communication* provides:

Communicative Activities

In each of the ten chapters, two communicative, pair-work activities encourage students to use Spanish in realistic conversation, in settings where they must seek and share information. The activities provide cooperative language practice and encourage students to take risks with language in a relaxed, uninhibiting, and enjoyable setting. The activities correspond to each vocabulary and grammar section and encourage use of functions, vocabulary, and grammar presented in that chapter section. Each activity may be used upon completion of each grammar and vocabulary section to promote oral proficiency and to prepare students for oral assessment; this could be for the oral exam following each chapter, and/or the oral performance and portfolio activities in the Alternative Assessment section of the *Assessment Program.* The activities may also be recorded on audio or video tape for inclusion in students' portfolios, or may be used as an informal review of each section to provide additional oral practice.

Picture Sequences

Each of the ten chapters contains one picture sequence activity that provides a chapter-oriented story for students to work on in pairs or groups. The picture sequences are designed to guide students, within the context of a chapter-themed story, to creatively integrate and use chapter vocabulary, grammar, and functions. Each picture sequence may be used upon completion of the chapter as a global performance assessment, or may be used to prepare students for the picture sequence assessment activity in the Alternative Assessment portion of the *Assessment Program.* The stories may also be recorded on audio or video tape for inclusion in students' portfolios. Rubrics for grading the picture stories are available in the Alternative Assessment portion of the *Assessment Program.*

Interpersonal Communication Cards

Each of the ten chapters contains three interviews and three situations for role-playing, one for each grammar and vocabulary section and one global review for the entire chapter, in blackline master form. These cards are designed to stimulate conversation and to prepare students for the oral exam following the chapter test as well as for the oral performance and portfolio activities in the Alternative Assessment section of the *Assessment Program.* (Rubrics for grading these activities are available in the Alternative Assessment portion of the *Assessment Program.*) The interviews or role-playing may be used as pair work with the entire class, as activities to begin the class period, as oral performance assessments upon completion of each chapter section, and as a review of each chapter. They may also be used to encourage oral practice at any point during the study of each section. These conversations may be recorded as audio or video additions to students' portfolios. Because the cards may be recycled throughout the scholastic year as review of chapters already completed, students will be rewarded as they realize they are meeting goals and improving their communicative abilities. To avoid having to copy the cards repeatedly, consider mounting them on cardboard and laminating them. They may be filed for use during the year as well as for future classes.

Nombre ______________________ Clase ______________ Fecha ______________

CAPÍTULO **1**

¡Adiós al verano!

COMMUNICATIVE ACTIVITY 1A

SITUATION You and your partner are discussing your summer vacations.

TASK 1 Ask your partner what he/she did during vacation and if he/she enjoyed it. If your partner didn't enjoy something during vacation, try to figure out why. Ask if he/she has done that activity before. Make suggestions about his/her next vacation. Use the expressions from the box below.

¿Adónde fuiste?
¿Qué hiciste el verano pasado?
¿Qué tal lo pasaste?
¿Qué te pareció…?
¿Has … alguna vez?

MODELO A — ¿Qué hiciste el verano pasado?
B — Fui a la playa cada semana.
A — ¿Qué te pareció la playa?
B — Pues, al principio lo pasé de película, pero al final me aburrí.
A — ¿Por qué no hiciste algo nuevo? ¿Has hecho windsurfing alguna vez?
B — No, nunca.
A — Bueno, te recomiendo que lo hagas. Es increíble.

TASK 2 Now, answer your partner's questions about your summer vacation. Mention both enjoyable and unenjoyable parts of your summer. Use the expressions from the box below.

Fui/Viajé…
a acampar/al bosque/a la catedral/a la ciudad/a coleccionar caracoles/a la costa/
a dar una caminata/a pasear/a nadar/al río
Me aburrí.
Me cansé de…
(No) disfruté de…
(No) me divertí.
Lo/La encontré…
Lo pasé de película/maravilla.

TASK 3 Work with your partner to plan the ideal summer vacation. Write your ideas below.

____

____

____

____

Nombre ______________________ Clase ______________ Fecha ______________

CAPÍTULO

¡Adiós al verano!

COMMUNICATIVE ACTIVITY 1B

SITUATION You and your partner are discussing your summer vacations.

TASK 1 Answer your partner's questions about your summer vacation. Mention both enjoyable and unenjoyable parts of your summer. Use the expressions from the box below.

> Fui/Viajé…
> a acampar/al bosque/a la catedral/a la ciudad/a coleccionar caracoles/a la costa/ a dar una caminata/a pasear/a nadar/al río
> Me aburrí.
> Me cansé de…
> (No) disfruté de…
> (No) me divertí.
> Lo/La encontré…
> Lo pasé de película/maravilla.

MODELO A — ¿Qué hiciste el verano pasado?
B — Fui a la playa cada semana.
A — ¿Qué te pareció la playa?
B — Pues, al principio lo pasé de película, pero al final me aburrí.
A — ¿Por qué no hiciste algo nuevo? ¿Has hecho windsurfing alguna vez?
B — No, nunca.
A — Bueno, te recomiendo que lo hagas. Es increíble.

TASK 2 Ask your partner what he/she did during vacation and if he/she enjoyed it. If your partner didn't enjoy something during vacation, try to figure out why. Ask if he/she has done that activity before. Make suggestions about his/her next vacation. Use the expressions from the box below.

¿Adónde fuiste?
¿Qué hiciste el verano pasado?
¿Qué tal lo pasaste?
¿Qué te pareció…?
¿Has … alguna vez?

TASK 3 Work with your partner to plan the ideal summer vacation. Write your ideas below.

____

____

____

____

Nombre ______________________ Clase ______________ Fecha ____________

CAPÍTULO

¡Adiós al verano!

COMMUNICATIVE ACTIVITY 2A

SITUATION You and your partner are helping each other decide which clubs to sign up for during the first week of school.

TASK 1 Explain your interests to your partner. Answer his/her questions about your experience with those activities. Then ask for his/her advice on what clubs to sign up for. Use the expressions from the box below.

Me interesa.../Tengo ganas de.../Disfruto de...
- tocar música
- discutir ideas
- coleccionar estampillas/pósters/monedas
- crear (quemar) CDs
- escribir
- hacer diseño por computadora
- jugar al golf
- mantenerme en forma
- observar la naturaleza
- practicar atletismo

MODELO A — Me interesa mucho la música.
B — ¿Has creado CDs?
A — Sí. Me encanta quemar CDs.
B — ¿Cuánto tiempo hace que quemas CDs?
A — Hace cinco años que quemo CDs.
B — Entonces, te aconsejo que participes en el club de computadoras.

TASK 2 Now, listen to your partner's interests, ask for clarification or an explanation, and how long he/she has done that activity to determine how much he/she enjoys it. Then using the expressions below, make recommendations of which clubs he/she should join.

¿Te interesa mantenerte en forma pero no te gustan los deportes en equipo? ¡El club de atletismo o el club de golf son la respuesta a tu dilema! Regístrate ahora.	Si te gusta observar la naturaleza, pasear por el bosque o acampar, debes participar en el club Mundo Verde. Es el club perfecto para ti. ¡Regístrate!
Estampillas, pósters, monedas... cualquier cosa – si te interesa coleccionar, ven a la sociedad de coleccionistas. Suscripciones gratis.	Hacemos diseños por computadora, quemamos CDs, diseñamos páginas Web – somos el club de computadoras. Regístrate y mantendrás en forma tu mente.

¡Adiós al verano!

SITUATION You and your partner are helping each other decide which clubs to sign up for during the first week of school.

TASK 1 Listen to your partner's interests, ask for clarification or an explanation, and how long he/she has done that activity to determine how much he/she enjoys it. Then using the expressions below, make recommendations of which clubs he/she should join.

¿Te interesa mantenerte en forma pero no te gustan los deportes en equipo? ¡El club de atletismo o el club de golf son la respuesta a tu dilema! Regístrate ahora.	Si te gusta observar la naturaleza, pasear por el bosque o acampar, debes participar en el club Mundo Verde. Es el club perfecto para ti. ¡Regístrate!
Estampillas, pósters, monedas… cualquier cosa – si te interesa coleccionar, ven a la sociedad de coleccionistas. Suscripciones gratis.	Hacemos diseños por computadora, quemamos CDs, diseñamos páginas Web – somos el club de computadoras. Regístrate y mantendrás en forma tu mente.

MODELO A — Me interesa mucho la música.
B — ¿Has creado CDs?
A — Sí. Me encanta quemar CDs.
B — ¿Cuánto tiempo hace que quemas CDs?
A — Hace cinco años que quemo CDs.
B — Entonces, te aconsejo que participes en el club de computadoras.

TASK 2 Now explain your interests to your partner. Answer his/her questions about your experience with those activities. Then ask for his/her advice on what clubs to sign up for. Use the expressions from the box below.

Me interesa…/Tengo ganas de…/Disfruto de…
- tocar música
- discutir ideas
- coleccionar estampillas/pósters/monedas
- crear (quemar) CDs
- escribir
- hacer diseño por computadora
- jugar al golf
- mantenerme en forma
- observar la naturaleza
- practicar atletismo

¡A pasarlo bien!

COMMUNICATIVE ACTIVITY 1A

SITUATION Due to budget cuts, your school must eliminate some clubs. You and your partner need to find out which clubs are the most popular and which have the least support. You may wish to use the following expressions.

les deja(n) fríos	**piensan que es (son) aburrido(s)**	**son fanáticos de**
están locos por	**no son gran aficionados**	**les interesa(n)**

TASK 1 Your partner has surveyed the freshmen and sophomores. Ask for the results of the survey for each grade in each sport.

MODELO A — ¿Qué piensan los estudiantes de las artes marciales?
B — Los del primer año están locos por las artes marciales, pero los del segundo año piensan que son aburridas.

Club	1er año	2º año	3er año	4º año	Porcentaje
las artes marciales	*sí*	*no*	*sí*	*no*	*50%*
el atletismo			sí	sí	
el senderismo			no	no	
el ciclismo			no	no	
el tiro con arco			sí	sí	
la escalada deportiva			no	sí	

TASK 2 You surveyed the juniors and seniors. Report your findings to your partner.

TASK 3 Determine percentages for each sport and decide which sports clubs to eliminate. Any sport that less than 50% of the students support should be eliminated. Make your recommendations below.

___

___

___

___

___

___

___

___

Nombre ______________________ Clase ______________ Fecha ____________

¡A pasarlo bien!

COMMUNICATIVE ACTIVITY 1B

SITUATION Due to budget cuts, your school must eliminate some clubs. You and your partner need to find out which clubs are the most popular and which have the least support. You may wish to use the following expressions.

les deja(n) fríos	**piensan que es (son) aburrido(s)**	**son fanáticos de**
están locos por	**no son gran aficionados**	**les interesa(n)**

TASK 1 You surveyed the freshmen and sophomores. Report your findings to your partner.

MODELO A — ¿Qué piensan los estudiantes de las artes marciales?
B — Los del primer año están locos por las artes marciales, pero los del segundo año piensan que son aburridas.

Club	1er año	2º año	3er año	4º año	Porcentaje
las artes marciales	*sí*	*no*	*sí*	*no*	*50%*
el atletismo	sí	sí			
el senderismo	no	sí			
el ciclismo	sí	no			
el tiro con arco	no	sí			
la escalada deportiva	no	no			

TASK 2 Your partner has surveyed the juniors and seniors. Ask for the results of the survey for each grade in each sport.

TASK 3 Determine percentages for each sport and decide which sports clubs to eliminate. Any sport that less than 50% of the students support should be eliminated. Make your recommendations below.

____

____

____

____

____

____

Nombre ______________________ Clase ______________ Fecha ____________

¡A pasarlo bien!

COMMUNICATIVE ACTIVITY 2A

SITUATION You and your partner work for a dating service. You get applications from female clients and your partner gets applications from male clients.

TASK 1 Ask your partner to describe the male clients. Fill in the chart below based on the descriptions.

MODELO A — ¿Cómo es Matías?
B — Matías es honesto pero puede ser un poco terco.
A — ¿Qué le interesa?
B — Le interesa montar en bicicleta y jugar al básquetbol.
A — ¿Qué busca en una novia?
B — Busca a alguien que se mantenga en forma y que sepa algo de deportes.

Nombre	Personalidad	Intereses	¿Qué busca en una novia?
Matías	*honesto pero un poco terco*	*montar en bicicleta y jugar al básquetbol*	*mantenerse en forma, saber algo de deportes*
Raúl			
Pedro			
Miguel			

TASK 2 Now, describe your female clients' personalities, interests, and what they look for in a boyfriend.

Nombre	Personalidad	Intereses	¿Qué busca en un novio?
Mariana	confiable, atenta	la esgrima y el kárate	gustar las mismas actividades, respetar los sentimientos de otros
Susana	amigable, abierta	el dominó y los rompecabezas	gustar pasar tiempo juntos, querer apoyarla
Julia	leal pero celosa	el boliche y el tiro con arco	ser leal, poder ser confiable

TASK 3 Match the clients according to the information in the charts. Compare your matches with those of your partner.

____

____

¡A pasarlo bien!

COMMUNICATIVE ACTIVITY 2B

SITUATION You and your partner work for a dating service. You get applications from male clients and your partner gets applications from female clients.

TASK 1 Describe your male clients' personalities, interests, and what they look for in a girlfriend.

MODELO A — ¿Cómo es Matías?
B — Matías es honesto pero puede ser un poco terco.
A — ¿Qué le interesa?
B — Le interesa montar en bicicleta y jugar al básquetbol.
A — ¿Qué busca en una novia?
B — Busca a alguien que se mantenga en forma y que sepa algo de deportes.

Nombre	Personalidad	Intereses	¿Qué busca en una novia?
Matías	*honesto pero un poco terco*	*montar en bicicleta y jugar al básquetbol*	*mantenerse en forma, saber algo de deportes*
Raúl	atento, inseguro	los rompecabezas y pasar tiempo juntos	respetar los sentimientos de otros, ser confiable
Pedro	honesto y leal, pero terco	el tiro con arco y el jai-alai	hacer deportes alternativos, saber algo de la amistad
Miguel	generoso, solidario	el atletismo y las artes marciales	hacer deportes intensos, poder resolver problemas, ser honesta

TASK 2 Now ask your partner to describe the female clients. Fill in the chart below based on the descriptions.

Nombre	Personalidad	Intereses	¿Qué busca en un novio?
Mariana			
Susana			
Julia			

TASK 3 Match the clients according to the information in the charts. Compare your matches with those of your partner.

____

____

Nombre ______________________ Clase ____________ Fecha ____________

Todo tiene solución

COMMUNICATIVE ACTIVITY 1A

SITUATION You and your partner are guidance counselors writing progress reports for some of your students.

TASK 1 Ask your partner how your three students are doing in their classes. In the chart below, record what problems they are having and why.

MODELO A — Y ¿qué pasa con Josefina? ¿Todo le va bien? ¿Aprueba todos los cursos?
B — No, ella no aprueba el curso de química.
A — ¿Por qué?
B — Porque no ha terminado el laboratorio.

Estudiante	Problema	¿Por qué?
Josefina	*No aprueba química.*	*No ha terminado el laboratorio.*
Raúl		
Alma		
Alberto		

TASK 2 Now tell your partner how his/her students are progressing and what problems they are having and why.

Estudiante	Problema	¿Por qué?
Esteban	No se lleva bien con otros estudiantes.	Tiene fama de ser muy creído.
María	Sacó una mala nota en geometría.	Faltó a un examen importante.
Victoria	Se siente aburrida.	Dice que sus cursos son demasiado fáciles.

TASK 3 Finally, discuss the progress reports with your partner. Give recommendations for four students: two from your list and two from your partner's list. Write your recommendations below.

____

____

____

Nombre ______________________ Clase ____________ Fecha __________

Todo tiene solución

COMMUNICATIVE ACTIVITY 1B

SITUATION You and your partner are guidance counselors writing progress reports for some of your students.

TASK 1 Tell your partner how his/her students are progressing and what problems they are having and why.

MODELO A — Y ¿qué pasa con Josefina? ¿Todo le va bien? ¿Aprueba todos los cursos?
B — No, ella no aprueba el curso de química.
A — ¿Por qué?
B — Porque no ha terminado el laboratorio.

Estudiante	Problema	¿Por qué?
Josefina	*No aprueba química.*	*No ha terminado el laboratorio.*
Raúl	Tiene mala actitud en clase.	Es muy inseguro.
Alma	Suspendió la prueba de física.	No toma apuntes.
Alberto	No respeta a sus compañeros.	Muestra ignorancia y discriminación con otras culturas.

TASK 2 Ask your partner how your three students are doing in their classes. In the chart below, record what problems they are having and why.

Estudiante	Problema	¿Por qué?
Esteban		
María		
Victoria		

TASK 3 Finally, discuss the progress reports with your partner. Give recommendations for four students: two from your list and two from your partner's list. Write your recommendations below.

____

____

____

____

Nombre ______________________ Clase ______________ Fecha ____________

CAPÍTULO

Todo tiene solución

COMMUNICATIVE ACTIVITY 2A

SITUATION You and your partner volunteer in the mediation club at school. You are trying to help a couple resolve a disagreement.

TASK 1 You have spoken with Sofía and written her side of the story below. Share Sofía's story with your partner.

MODELO A — Sofía dice que Pedro y ella se dejaron de hablar. También dijo que Pedro está celoso de su amistad con Beto.

Sofía dice que Pedro y ella se dejaron de hablar. Pedro está resentido con Beto. Está celoso de su amistad con Sofía. Pedro vio a Sofía darle un abrazo a Beto. Pero Sofía y Beto dicen que fue un abrazo de amistad. Nunca se han besado. Beto también tiene una novia. Ahora Sofía se siente ofendida y no quiere ni disculparse ni pedir perdón.

TASK 2 Now, listen as your partner tells you Pedro's side of the story. Take notes below.

____

____

____

____

____

____

____

TASK 3 With your partner discuss possible solutions to Pedro and Sofía's disagreement. Write your final recommendations below.

____

____

____

____

Nombre ______________________ Clase ______________ Fecha ____________

Todo tiene solución

COMMUNICATIVE ACTIVITY 2B

SITUATION You and your partner volunteer in the mediation club at school. You are trying to help a couple resolve a disagreement.

TASK 1 Listen as your partner tells you Sofía's side of the story. Take notes below.

MODELO A — Sofía dice que Pedro y ella se dejaron de hablar. También dijo que Pedro está celoso de su amistad con Beto.

____

____

____

____

____

____

TASK 2 Now share Pedro's story with your partner. You took notes when you spoke with him and have written his side of the story below.

Pedro dice que él está muy ofendido. Dice que él vio a Sofía darle un abrazo a Beto. Él piensa que ellos se han besado algunas veces también. No está seguro. Sabe que Beto tiene una novia pero él dice que esto no significa nada. Pedro se siente ofendido y demanda una disculpa de Beto y de Sofía.

TASK 3 With your partner discuss possible solutions to Pedro and Sofía's disagreement. Write your final recommendations below.

____

____

____

____

Entre familia

COMMUNICATIVE ACTIVITY 1A

SITUATION You and your partner are planning a surprise party for your mutual friend, Jorge. You invited the friends and he/she invited the family.

TASK 1 Ask your partner whether each person from his/her list has responded, and if he or she will be able to come. Also ask how many are coming with them.

MODELO A — ¿Ha respondido su hermanastro?
B — Sí, respondió ayer. Dice que va a traer a su familia.

Los parientes	¿Ha(n) respondido?	¿Puede(n) venir?	Información adicional
el hermanastro	*sí*	*sí*	*Viene con su familia.*
el hermano y la novia			
la madre y el padrastro			
los tíos			

TASK 2 Tell your partner which friends are coming. If a guest can't come or hasn't responded, explain why. Also make comments based on the information given.

Los amigos	¿Ha respondido?	¿Puede venir?	Información adicional
Sonia	sí	sí	Es muy dulce.
Miguel	no		Está de viaje.
Irene	sí	no	Tiene que ir a la boda de su prima ese día.

TASK 3 Finally, choose three guests to discuss, say whether each guest is coming or not and how you feel about it.

MODELO Me alegra que Sonia venga. Ella es muy dulce.

____

____

____

____

Nombre ______________________ Clase ______________ Fecha ____________

CAPÍTULO

Entre familia

COMMUNICATIVE ACTIVITY 1B

SITUATION You and your partner are planning a surprise party for your mutual friend, Jorge. You invited the family and he/she invited the friends.

TASK 1 Tell your partner which family members are coming. If a guest can't come or hasn't responded, explain why. Also make comments based on the information given.

MODELO A — ¿Ha respondido su hermanastro?
B — Sí, respondió ayer. Dice que va a traer a su familia.

Los parientes	¿Ha(n) respondido?	¿Puede(n) venir?	Información adicional
el hermanastro	*sí*	*sí*	*Viene con su familia.*
el hermano y la novia	sí	sí	Ellos van a llegar tarde porque la novia tiene que trabajar hasta las tres. (Es abogada.)
la madre y el padrastro	sí	sí	Vienen con los abuelos maternos.
los tíos	sí	sí	Vienen con sus 3 hijos. (El menor es muy consentido.)

TASK 2 Ask your partner whether each person from his/her list has responded, and if he or she will be able to come. Also ask how many are coming with them.

Los amigos	¿Ha respondido?	¿Puede venir?	Información adicional
Sonia			
Miguel			
Irene			

TASK 3 Finally, choose three guests to discuss, say whether each guest is coming or not and how you feel about it.

MODELO Me alegra que Sonia venga. Ella es muy dulce.

____

____

____

____

Nombre ______________________ Clase ______________ Fecha ____________

Entre familia

COMMUNICATIVE ACTIVITY 2A

SITUATION You and your partner are now planning the food for the party. You are suggesting foods you like and know how to prepare.

TASK 1 Ask your partner what he/she thinks about the dishes you suggest. Answer his/her questions about the ingredients each dish includes.

MODELO A — ¿Qué te parece si traigo un caldo?
B — ¿Un caldo de qué?
A — Un caldo de pollo con zanahorias y apio.
B — ¡Qué bien! Se me hace la boca agua.

El plato	¿Qué incluye?
un caldo	*pollo, zanahorias y apio*
una ensalada de frutas	cerezas, jugo de naranja, sandía, toronja y yogur
vegetales cocidos	coliflor, calabacín y chícharos
el pavo relleno	pavo y relleno de pan, pasas y manzana

TASK 2 Now, tell your partner what you think about the dishes he/she suggests. Ask him/her what ingredients each includes. Finally, comment on the dishes your partner describes.

El plato	¿Qué incluye?

TASK 3 Compare lists and decide together which items to serve. Write the final menu below.

Las entradas: ______________________________

El plato principal: __________________________

El postre: _________________________________

Nombre ______________________ Clase ______________ Fecha ____________

Entre familia

COMMUNICATIVE ACTIVITY 2B

SITUATION You and your partner are now planning the food for the party. You are suggesting foods you like and know how to prepare.

TASK 1 Tell your partner what you think about the dishes he/she suggests. Ask questions about the ingredients each dish includes. Finally, comment on the dishes your partner describes.

MODELO A — ¿Qué te parece si traigo un caldo?
B — ¿Un caldo de qué?
A — Un caldo de pollo con zanahorias y apio.
B — ¡Qué bien! Se me hace la boca agua.

El plato	¿Qué incluye?
un caldo	*pollo, zanahorias y apio*

TASK 2 Now ask your partner what he/she thinks about the dishes you suggest. Answer his/her questions about the ingredients each dish includes.

El plato	¿Qué incluye?
un bizcocho de chocolate	chocolate, pasas y crema agria
una ensalada mixta	aguacate, apio y pepino
pasta con mariscos	pasta, camarones y langosta

TASK 3 Compare lists and decide together which items to serve. Write the final menu below.

Las entradas: ______________________

El plato principal: ______________________

El postre: ______________________

Nombre ______________________ Clase ______________ Fecha ______________

El arte y la música

COMMUNICATIVE ACTIVITY 1A

SITUATION You and your partner are helping each other decide which art classes to register for at the local community college.

TASK 1 Ask your partner's opinion of the different art forms in the chart below, and place a check mark in the appropriate column to indicate the forms he or she likes or dislikes. Then write why he or she feels that way.

MODELO A — Se ofrece una clase de cinematografía. ¿Qué te parece?
B — En realidad, me llama la atención la cinematografía. Me gustan mucho las películas.

Una clase de	Le gusta	No le gusta	¿Por qué?
cinematografía	✓		*Le gustan mucho las películas.*
acuarela			
arquitectura			
escultura			
dibujo			
fotografía			
tallar en madera			

TASK 2 Now, answer your partner's questions about your opinions of the different art forms. Give your positive or negative opinions using expressions from the word box below, and give a sentence supporting your opinion.

> En realidad / A decir verdad...
> (no) me parece interesante / impresionante / maravilloso(a).
> (no) me llama la atención.
> (no) lo (la) encuentro muy interesante / impresionante / maravilloso(a).

TASK 3 Finally, discuss your responses with your partner. Decide which class you each should take. Write a short note to the professor of the class, explaining why you would like to take the class.

____

____

____

____

Nombre ______________________ Clase ______________ Fecha ____________

CAPÍTULO

El arte y la música

COMMUNICATIVE ACTIVITY 1B

SITUATION You and your partner are helping each other decide which art classes to register for at the local community college.

TASK 1 Answer your partner's questions about your opinions of the different art forms. Give your positive or negative opinions using expressions from the word box below, and give a sentence supporting your opinion.

MODELO A — Se ofrece una clase de cinematografía. ¿Qué te parece?
B — En realidad, me llama la atención la cinematografía. Me gustan mucho las películas.

> En realidad / A decir verdad...
> (no) me parece interesante / impresionante / maravilloso(a).
> (no) me llama la atención.
> (no) lo (la) encuentro muy interesante / impresionante / maravilloso(a).

TASK 2 Ask your partner's opinion of the different art forms in the chart below and place a check mark in the appropriate column to indicate the forms he or she likes or dislikes. Then write why he or she feels that way.

Una clase de	Le gusta	No le gusta	¿Por qué?
cinematografía	✓		*Le gustan mucho las películas.*
acuarela			
arquitectura			
escultura			
dibujo			
fotografía			
tallar en madera			

TASK 3 Finally, discuss your responses with your partner. Decide which class you each should take. Write a short note to the professor of the class, explaining why you would like to take the class.

____

____

____

____

Nombre ______________________ Clase ______________ Fecha ______________

El arte y la música

CAPÍTULO 5

COMMUNICATIVE ACTIVITY 2A

SITUATION You and your partner are trying to make plans together this weekend, but you both have very full schedules.

TASK 1 Look at your schedule and invite your partner to the events below at times when you are free. If your partner is busy, respond to his or her suggestion of an alternate time. Then write your plans in your schedule.

MODELO A — ¿Quieres ir al concierto de la sinfónica el sábado a las dos?
B — Gracias por invitarme, pero ya tengo otro compromiso. ¿Por qué no vamos al concierto el domingo a las ocho?
A — Bueno, vamos.

Magnífica presentación del Ballet Folclórico en la Plaza Domínguez este viernes y sábado a las 6:00 de la tarde. Última presentación el domingo a las 10:00 de la mañana. No se lo pierda. Entrada gratis.	El Teatro Antiguo presenta la ópera "Aída" el viernes 26, sábado 27 y domingo 28 de marzo a las 8:00 de la noche. Boletos: $30.00	Gran concierto de la sinfónica en el Auditorio Mercurio el sábado 27 y domingo 28 de marzo. Dos presentaciones diarias: a las 2:00 de la tarde y a las 8:00 de la noche. Boletos: $25.00

viernes 26 de marzo	**sábado 27 de marzo**	**domingo 28 de marzo**
• ir al colegio 8:00 am a 2:00 pm	• 9:00 am a 1:00 pm trabajar en el cine	
		• ensayo de coro 2:00 pm a 4:00 pm
• ir al concierto con mis padres 6:00 pm a 8:00 pm		• *concierto de la sinfónica 8:00 pm*

TASK 2 Now, respond to your partner's invitations to go out.

TASK 3 Finally, compare your schedule with your partner's. Make sure you both have the correct times for your activities. Write your partner a note to remind him or her of all that you plan to do together this weekend.

____

____

____

____

Nombre ______________________ Clase ______________ Fecha ____________

El arte y la música

COMMUNICATIVE ACTIVITY 2B

SITUATION You and your partner are trying to make plans together this weekend, but you both have very full schedules.

TASK 1 Look at your schedule and respond to your partner's invitations based on your availability. Then write your plans in your schedule.

MODELO A — ¿Quieres ir al concierto de la sinfónica el sábado a las dos?
B — Gracias por invitarme, pero ya tengo otro compromiso. ¿Por qué no vamos el domingo a las ocho?
A — Bueno, vamos.

Magnífica presentación del Ballet Folclórico en la Plaza Domínguez este viernes y sábado a las 6:00 de la tarde. Última presentación el domingo a las 10:00 de la mañana. No se lo pierda. Entrada gratis.	El Teatro Antiguo presenta la ópera "Aída" el viernes 26, sábado 27 y domingo 28 de marzo a las 8:00 de la noche. Boletos: $30.00	Gran concierto de la sinfónica en el Auditorio Mercurio el sábado 27 y domingo 28 de marzo. Dos presentaciones diarias: a las 2:00 de la tarde y a las 8:00 de la noche. Boletos: $25.00

viernes, 26 de marzo	sábado, 27 de marzo	domingo, 28 de marzo
• ir al colegio 8:00 am a 5:00 pm		• ir al Ballet Folclórico con Diego 10:00 am
	• trabajar en el Teatro Antiguo 2:00 pm a 9:00 pm	
• cenar con mi novio(a) 8:00 pm		• *concierto de la sinfónica, 8:00 pm*

TASK 2 Now invite your partner to any remaining events at any remaining times when you are free. If your partner is busy, respond to his or her suggestion of an alternate time. Then write your plans in your schedule.

TASK 3 Finally, compare your schedule with your partner's. Make sure you both have the correct times for your activities. Write your partner a note to remind him or her of all that you plan to do together this weekend.

____

____

____

____

¡Ponte al día!

COMMUNICATIVE ACTIVITY 1A

SITUATION You and your partner work for an agency that reviews television channels for quality in news and other shows.

TASK 1 Ask your partner about the quality of programming in the following categories. Fill in the chart below.

MODELO A — ¿Cómo son los programas educativos del Canal 6?
B — Son buenísimos porque además de ser informativos, también son divertidos.

El canal	Los programas educativos	Las noticias	Otros programas
6	*informativos y divertidos*		
3			
7			

TASK 2 Now, answer your partner's questions about the following channels. State a fact or give an opinion about the quality of the programming. Back up what you say with the facts from the chart.

El canal	Los programas educativos	Las noticias	Otros programas
20	No hay.	no fiables y parciales	concursos divertidos
11	documentales controvertidos y excelentes	los reporteros mal informados	No hay.

TASK 3 Rate the channels with your partner. Which are the most informative? The most entertaining? Which is the best channel overall?

____

____

____

____

Nombre ______________________ Clase ______________ Fecha ______________

CAPÍTULO 6

¡Ponte al día!

COMMUNICATIVE ACTIVITY 1B

SITUATION You and your partner work for an agency that reviews television channels for quality in news and other shows.

TASK 1 Answer your partner's questions about the following channels. State a fact or give an opinion about the quality of the programming. Back up what you say with the facts from the chart.

MODELO A — ¿Cómo son los programas educativos del Canal 6?
B — Son buenísimos porque además de ser informativos, también son divertidos.

El canal	Los programas educativos	Las noticias	Otros programas
6	*informativos y divertidos*		
3	informativos e interesantes	los reporteros parciales	No hay.
7	al tanto pero un poco aburridos	tratan los temas a fondo, hacen buenos reportajes	los concursos: más populares de todos, las telenovelas: muy populares

TASK 2 Now, ask your partner about the quality of programming in the following categories. Fill in the chart below.

El canal	Los programas educativos	Las noticias	Otros programas
20			
11			

TASK 3 Rate the channels with your partner. Which are the most informative? The most entertaining? Which is the best channel overall?

____

____

____

____

Nombre ______________________ Clase ______________ Fecha ______________

¡Ponte al día!

COMMUNICATIVE ACTIVITY 2A

SITUATION You and your partner are editors for the school newspaper. You each have a list of three articles from student reporters. You are organizing the layout before the paper is printed.

TASK 1 Ask your partner to tell you the topics of the three articles on his/her list. Then ask your partner in which section of the newspaper he/she thinks each article should appear.

MODELO A — ¿De qué trata tu primer artículo?
B — Es un artículo sobre las elecciones en el pueblo.
A — Bueno, ¿dónde debemos ponerlo?
B — En la primera plana, ¿no?

Artículo	¿De qué trata?	¿En qué sección?
#1	*las elecciones del pueblo*	*la primera plana*
#2		
#3		
#4		

TASK 2 Now, tell your partner the topic of each of your articles and suggest in which section each should appear.

Artículo	¿De qué trata?	¿En qué sección?
#5	el resultado del partido de fútbol americano	la sección deportiva
#6	las opiniones de los editores sobre las reglas de pruebas	los editoriales
#7	información sobre trabajos de verano	los anuncios clasificados

TASK 3 Organize your paper layout below. Work with your partner to create a title for each article, and then write the titles next to the appropriate sections.

La primera plana: ______________________

La sección de moda: ______________________

Los anuncios clasificados: ______________________

Los editoriales: ______________________

La sección deportiva: ______________________

¡Ponte al día!

COMMUNICATIVE ACTIVITY 2B

SITUATION You and your partner are editors for the school newspaper. You each have a list of three articles from student reporters. You are organizing the layout before the paper is printed.

TASK 1 Tell your partner the topic of each of your articles and suggest in which section each should appear.

MODELO A — ¿De qué trata tu primer artículo?
B — Es un artículo sobre las elecciones en el pueblo.
A — Bueno, ¿dónde debemos ponerlo?
B — En la primera plana, ¿no?

Artículo	¿De qué trata?	¿En qué sección?
#1	*las elecciones del pueblo*	*la primera plana*
#2	la opinión de una estudiante sobre la moda en la escuela	la sección de moda
#3	las noticias de la situación política en Israel	el enfoque mundial
#4	un anuncio de una tutora para la clase de literatura	los anuncios clasificados

TASK 2 Now ask your partner to tell you the topics of the three articles on his/her list. Then ask your partner in which section of the newspaper he/she thinks each article should appear.

Artículo	¿De qué trata?	¿En qué sección?
#5		
#6		
#7		

TASK 3 Organize your paper layout below. Work with your partner to create a title for each article, and then write the titles next to the appropriate sections.

La primera plana: ______________________

La sección de moda: ______________________

Los anuncios clasificados: ______________________

Los editoriales: ______________________

La sección deportiva: ______________________

Nombre ______________________ Clase ______________ Fecha ____________

CAPÍTULO

Mis aspiraciones

COMMUNICATIVE ACTIVITY 1A

SITUATION You and your partner work on a college scholarship board. You are reading the nominations for scholarships based on personal achievements.

TASK 1 Ask your partner about the background, struggles, and accomplishments of his/her candidates.

MODELO A — Miguel parece un buen candidato. ¿Dónde se crió?
B — Nació en Buenos Aires, pero ahora vive en Madrid.
A — ¿Qué obstáculos enfrentó?
B — Le costó mucho trabajo encajar en los grupos del colegio.
A — ¿Qué logró?
B — Contribuye mucho como presidente de su colegio.

El candidato	Dónde se crió	Desafíos / Obstáculos	Éxitos
Miguel	*Buenos Aires, Madrid*	*asimilar las costumbres del colegio*	*ser presidente del colegio*
Esteban			
Ana			
Esperanza			

TASK 2 Now, tell your partner about your candidates.

El candidato	Dónde se crió	Desafíos / Obstáculos	Éxitos
Mercedes	Guatemala	trabajar y estudiar	apoyar a su familia
Antonio	los Andes de Perú	la discriminación por sus raíces	escribir un libro de su herencia andina
Susana	Chile, los Estados Unidos	mantener sus costumbres	formar un grupo de chilenos en su colegio

TASK 3 Finally, discuss with your partner which three candidates you think should be awarded a scholarship. Write your recommendations below.

____

____

____

____

Mis aspiraciones

COMMUNICATIVE ACTIVITY 1B

SITUATION You and your partner work on a college scholarship board. You are reading the nominations for scholarships based on personal achievements.

TASK 1 Tell your partner about your candidates.

MODELO A — Miguel parece un buen candidato. ¿Dónde se crió?
B — Nació en Buenos Aires, pero ahora vive en Madrid.
A — ¿Qué obstáculos enfrentó?
B — Le costó mucho trabajo encajar en los grupos del colegio.
A — ¿Qué logró?
B — Contribuye mucho como presidente de su colegio.

El candidato	Dónde se crió	Desafíos / Obstáculos	Éxitos
Miguel	*Buenos Aires, Madrid*	*asimilar las costumbres del colegio*	*ser presidente del colegio*
Esteban	la finca de su familia	ser de un grupo étnico pequeño	tener orgullo de sus raíces
Ana	Lima	mantener su herencia indígena	fundar un grupo de orgullo indígena
Esperanza	La Paz, Santiago	la discriminación por ser extranjera	acostumbrarse a un estilo de vida

TASK 2 Ask your partner about the background, struggles, and accomplishments of his/her candidates.

El candidato	Dónde se crió	Desafíos / Obstáculos	Éxitos
Mercedes			
Antonio			
Susana			

TASK 3 Finally, discuss with your partner which three candidates you think should be awarded a scholarship. Write your recommendations below.

____

____

____

____

Nombre ______________________ Clase ______________ Fecha ____________

CAPÍTULO

Mis aspiraciones

COMMUNICATIVE ACTIVITY 2A

SITUATION You and your partner are looking through your high school yearbook and reading the captions that tell what your classmates want to do in the future.

TASK 1 Ask your partner about some of your classmates' plans for the future.

MODELO A — ¿Qué planes tiene María para el futuro?
B — Irá a la universidad. Quiere ser mujer de negocios.

María *Irá a la universidad. Quiere ser mujer de negocios.*

Gregorio ____

Alberto ____

Érica ____

TASK 2 Now, using the captions under the photos, answer your partner's questions about your classmates' plans for the future.

María
ir a la universidad y ser mujer de negocios

Alma
establecer su propio negocio y viajar por el mundo

Jessica
ir a la universidad y ser profesora, luchar por la igualdad

José Antonio
vivir en la selva tropical y proteger el medio ambiente

TASK 3 Finally, talk with your partner and decide what each of you would like your yearbook caption to say.

____

____

____

____

Nombre ______________________ Clase ______________ Fecha ______________

CAPÍTULO

Mis aspiraciones

COMMUNICATIVE ACTIVITY 2B

SITUATION You and your partner are looking through your high school yearbook and reading the captions that tell what your classmates want to do in the future.

TASK 1 Using the captions under the photos of your classmates, answer your partner's questions about your classmates' plans for the future.

MODELO A — ¿Qué planes tiene María para el futuro?
B — Irá a la universidad. Quiere ser mujer de negocios.

María
ir a la universidad y ser mujer de negocios

Gregorio
establecerse como gerente de un museo y continuar sus estudios de arte

Alberto
realizar su sueño de ser médico y mudarse al campo

Érica
esforzarse por aprender tres idiomas y vivir en España

TASK 2 Now ask your partner about some of your classmates' plans for the future.

María *Irá a la universidad. Quiere ser mujer de negocios.*

Alma ____

Jessica ____

José Antonio ____

TASK 3 Finally, talk with your partner and decide what each of you would like your yearbook caption to say.

____

____

____

____

Nombre ______________________ Clase ______________ Fecha ____________

CAPÍTULO

¿A qué te dedicas?

COMMUNICATIVE ACTIVITY 1A

SITUATION You and your partner are counselors at a university career center. You are reviewing students' skills and making recommendations.

TASK 1 Ask about and record the skills and interests of your partner's students. Then make career recommendations from the box below.

MODELO A — ¿Qué dice Diego sobre sus talentos?
B — Que sabe utilizar la tecnología y que le gustaría trabajar con robots.
A — Bueno, recomiendo que estudie ingeniería.
B — Me parece bien.

El / La auxiliar médico(a), estudiar biología
El hombre / La mujer de negocios, estudiar administración de empresas
El / La trabajador(a) social, estudiar sociología
El / La ingeniero(a), estudiar ingeniería
El / La científico(a), estudiar ciencias
El / La profesor(a) de idiomas, estudiar español
El / La escritor(a), estudiar literatura

Los estudiantes	Los talentos	La recomendación
Diego	*utilizar la tecnología, trabajar con robots*	*estudiar ingeniería*
Pablo		
Susana		
Alma		

TASK 2 Now describe your students' skills to your partner. Comment on and then record his/her career recommendations.

Los estudiantes	Los talentos	La recomendación
Marilena	ayudar a las personas enfermas	
Antonio	proveer servicios a la gente pobre o sin hogar	
Luisa	realizar experimentos y trabajar con productos químicos	

Nombre ______________________ Clase ______________ Fecha ____________

¿A qué te dedicas?

COMMUNICATIVE ACTIVITY 1B

SITUATION You and your partner are counselors at a university career center. You are reviewing students' skills and making recommendations.

TASK 1 Describe your students' skills to your partner. Comment on and then record his/her career recommendations.

MODELO A — ¿Qué dice Diego sobre sus talentos?
B — Que sabe utilizar la tecnología y que le gustaría trabajar con robots.
A — Bueno, recomiendo que estudie ingeniería.
B — Me parece bien.

Los estudiantes	Los talentos	La recomendación
Diego	*utilizar la tecnología, trabajar con robots*	*estudiar ingeniería*
Pablo	escribir cuentos y poemas	
Susana	facilitar los negocios	
Alma	aprender idiomas con facilidad	

TASK 2 Now ask about and record the skills and interests of your partner's students. Then make career recommendations from the box below.

El / La auxiliar médico(a), estudiar biología
El hombre / La mujer de negocios, estudiar administración de empresas
El / La trabajador(a) social, estudiar sociología
El / La ingeniero(a), estudiar ingeniería
El / La científico(a), estudiar ciencias
El / La profesor(a) de idiomas, estudiar español
El / La escritor(a), estudiar literatura

Los estudiantes	Los talentos	La recomendación
Marilena		
Antonio		
Luisa		

Nombre ______________ Clase ______________ Fecha ______________

¿A qué te dedicas?

COMMUNICATIVE ACTIVITY 2A

You and your partner have to fill three positions at your company. You are working together to choose the best candidates for the jobs.

TASK 1 Describe the skills and job experience of the three applicants.

MODELO B — ¿Qué talentos tiene el Sr. Rodríguez?
A — Sabe organizar los horarios.
B — ¿A qué se dedicaba antes?
A — Fue auxiliar administrativo.

Candidato	*Señor Rodríguez*	Señora Wilson	Señora Jones	Señor Russo
Talentos	*organizar los horarios*	dirigir una empresa pequeña	donar tiempo a una causa	actualizar la tecnología
Experiencia	*auxiliar administrativo*	jefa de un almacén	voluntaria en un hospital	Se graduó de una universidad tecnológica.

TASK 2 Now ask about the skills and job experience of the applicants on your partner's list.

Candidato	Señora González	Señor Brennan	Señora Young
Talentos			
Experiencia			

TASK 3 Discuss which applicants you think are best for the jobs listed below. Decide which applicants you will hire.

Auxiliar administrativo: ______________

Jefe de tecnología: ______________

Gerente: ______________

Nombre ______________________ Clase ______________ Fecha ____________

¿A qué te dedicas?

COMMUNICATIVE ACTIVITY 2B

SITUATION You and your partner have to fill three positions at your company. You are working together to choose the best candidates for the jobs.

TASK 1 Ask about the skills and job experience of the applicants on your partner's list.

MODELO B — ¿Qué talentos tiene el Sr. Rodríguez?
A — Sabe organizar los horarios.
B — ¿A qué se dedicaba antes?
A — Fue auxiliar administrativo.

Candidato	*Señor Rodríguez*	Señora Wilson	Señora Jones	Señor Russo
Talentos	*organizar los horarios*			
Experiencia	*auxiliar administrativo*			

TASK 2 Now describe the skills and job experience of the three applicants.

Candidato	Señora González	Señor Brennan	Señora Young
Talentos	leer solicitudes y facilitar entrevistas	utilizar la fotocopiadora y el contestador automático	mejorar los sistemas de tecnología
Experiencia	gerente del departamento de recursos humanos	Se graduó de un programa de auxiliares administrativos.	voluntaria en un colegio

TASK 3 Discuss which applicants you think are best for the jobs listed below. Decide which applicants you will hire.

Auxiliar administrativo: ______________________

Jefe de tecnología: ______________________

Gerente: ______________________

Huellas del pasado

COMMUNICATIVE ACTIVITY 1A

SITUATION You and your partner need to write a new ending to the following fairy tale for a creative writing competition.

Érase una vez un gran guerrero y una princesa que estaban enamorados y pensaban casarse pronto. Un día les llegó la noticia de que había un malvado de otro país que estaba atacando a los pueblos. Así que el rey declaró la guerra contra el malvado. Al día siguiente, el valiente guerrero se fue a la guerra. La princesa se quedó en su castillo llorando y pensando en su amor...

TASK 1 Read the story above. Then, ask your partner what he or she thinks should happen to each of the story's characters. Take notes on what your partner says about the fate of each character.

MODELO A — ¿Qué piensas que le debe pasar al guerrero?
B — Pienso que... *or* Es posible que...

Personaje	Lo que le va a pasar
el guerrero	
la princesa	
el rey	
el malvado	

TASK 2 Now, answer your partner's questions about what you think should happen to each of the characters he or she mentions. Be creative!

TASK 3 Finally, with your partner, combine your ideas and write an ending to this story.

____

____

____

____

____

____

____

____

Nombre ______________________ Clase ______________ Fecha __________

Huellas del pasado

COMMUNICATIVE ACTIVITY 1B

SITUATION You and your partner need to write a new ending to the following fairy tale for a creative writing competition.

Érase una vez un gran guerrero y una princesa que estaban enamorados y pensaban casarse pronto. Un día les llegó la noticia de que había un malvado de otro país que estaba atacando a los pueblos. Así que el rey declaró la guerra contra el malvado. Al día siguiente, el valiente guerrero se fue a la guerra. La princesa se quedó en su castillo llorando y pensando en su amor...

TASK 1 Read the story above. Then, answer your partner's questions about what you think should happen to each of the characters he or she mentions. Be creative!

MODELO A — ¿Qué piensas que le debe pasar al guerrero?
B — Pienso que... *or* Es posible que...

TASK 2 Now, ask your partner what he or she thinks should happen to each of the story's characters. Take notes on what your partner says about the fate of each character.

Personaje	Lo que le va a pasar
el guerrero	
la princesa	
el rey	
el malvado	

TASK 3 Finally, with your partner, combine your ideas and write an ending to this story.

____

____

____

____

____

____

____

____

Nombre ______________________ Clase ______________ Fecha ______________

Huellas del pasado

COMMUNICATIVE ACTIVITY 2A

SITUATION You and your partner are members of the school debate team. The topics in the chart below will be debated at the state tournament.

TASK 1 Ask your partner's opinion on the topics below. Record his/her opinions in the chart.

MODELO A — ¿Qué esperas que ocurra con las relaciones internacionales?
B — Espero que... *or* Ojalá que...

Tema	Opinión
las relaciones internacionales	
las mujeres soldados en las batallas	
la guerra declarada por Estados Unidos a un dictador que le hace mucho daño a su propio país	
la gran cantidad de dinero que gasta Estados Unidos para explorar el espacio	

TASK 2 Now, answer your partner's questions about what you hope and believe about each topic. Give specific details or examples.

TASK 3 Finally, discuss your responses with your partner. Choose one issue that you agree on and write at least two sentences defending your opinion. What is one argument that the opposing side might use?

____

____

____

____

____

____

____

____

Nombre ______________________ Clase ______________ Fecha ____________

Huellas del pasado

COMMUNICATIVE ACTIVITY 2B

SITUATION You and your partner are members of the school debate team. The topics in the chart below will be debated at the state tournament.

TASK 1 Answer your partner's questions about what you hope and believe about each topic. Give specific details or examples.

MODELO A — ¿Qué esperas que ocurra con las relaciones internacionales?
B — Espero que... *or* Ojalá que...

TASK 2 Now, ask your partner's opinion on the topics below. Record his/her opinions in the chart.

Tema	Opinión
las relaciones internacionales	
las mujeres soldados en las batallas	
la guerra declarada por Estados Unidos a un dictador que le hace mucho daño a su propio país	
la gran cantidad de dinero que gasta Estados Unidos para explorar el espacio	

TASK 3 Finally, discuss your responses with your partner. Choose one issue that you agree on and write at least two sentences defending your opinion. What is one argument that the opposing side might use?

____

____

____

____

____

____

____

____

Nombre ______________________ Clase ______________ Fecha ______________

El mundo en que vivimos

CAPÍTULO 10

COMMUNICATIVE ACTIVITY 1A

SITUATION You and your partner are both writing essays about an important event in your lives. You will work with your partner to decide which event to discuss in your essay. The events can be of a personal or national nature.

TASK 1 On your own, think of two events that had an impact on your life and write them on the lines below. You may wish to use some of the words in the box.

el estreno de una película	**un invento**	**un desastre**
un logro personal	**una elección**	**un descubrimiento**

____

____

TASK 2 Take notes as your partner tells you about his or her stories/anecdotes. Ask about the important details and why he/she chose each event.

MODELO A — ¿Qué sucesos han tenido un impacto en tu vida?
B — Mi primer trabajo tuvo un gran impacto en mi vida. Trabajé de asistente para un abogado y me dio muchas responsabilidades.
A — ¿Por qué fue tan importante?
B — Fue muy emocionante para mí porque me sentí más independiente. También aprendí mucho sobre leyes.

El suceso	Detalles importantes	Significado del suceso
el primer trabajo	*asistente de un abogado, responsabilidades*	*emocionante, se sintió independiente, aprendió sobre leyes*

TASK 3 Tell your partner about the important events that you chose. Answer your partner's questions about each event.

TASK 4 Finally, discuss which ideas you think are best. Make suggestions about what you think your partner should write about.

____

____

____

____

Nombre ______________________ Clase ______________ Fecha ______________

El mundo en que vivimos

COMMUNICATIVE ACTIVITY 1B

SITUATION You and your partner are both writing essays about an important event in your lives. You will work with your partner to decide which event to discuss in your essay. The events can be of a personal or national nature.

TASK 1 On your own, think of two events that had an impact on your life and write them on the lines below. You may wish to use some of the words in the box.

el estreno de una película	**un invento**	**un desastre**
un logro personal	**una elección**	**un descubrimiento**

____

____

TASK 2 Tell your partner about the important events that you chose. Answer your partner's questions about each event.

MODELO
A — ¿Qué sucesos han tenido un impacto en tu vida?
B — Mi primer trabajo tuvo un gran impacto en mi vida. Trabajé de asistente para un abogado y me dio muchas responsabilidades.
A — ¿Por qué fue tan importante?
B — Fue muy emocionante para mí porque me sentí más independiente. También aprendí mucho sobre leyes.

TASK 3 Take notes as your partner tells you about his or her stories/anecdotes. Ask about the important details and why he/she chose each event.

El suceso	Detalles importantes	Significado del suceso
el primer trabajo	*asistente de un abogado, responsabilidades*	*emocionante, se sintió independiente, aprendió sobre leyes*

TASK 4 Finally, discuss which ideas you think are best. Make suggestions about what you think your partner should write about.

____

____

____

____

El mundo en que vivimos

COMMUNICATIVE ACTIVITY 2A

SITUATION You and your partner are on the city or town council. You have been asked to make a presentation at the next meeting on the town/city's three major problems and solutions for each one.

TASK 1 Ask your partner what he/she thinks are the three most serious problems in your town/city. Then ask him/her to suggest solutions for each one. Record his/her ideas below.

MODELO A — En tu opinión, ¿cuáles son los tres problemas más serios en nuestra ciudad?
B — Me parece que.../Pienso que.../Opino que...
A — ¿Cómo podemos mejorar la situación de...?
B — Debemos.../Tenemos que.../Si no hacemos algo, advierto que...

Los problemas	Las soluciones

TASK 2 Now, give your opinion on the three most serious problems and suggest solutions. You may wish to use some of the words in the box.

la contaminación	**el desempleo**	**la calidad del aire**
el hambre	**la drogadicción**	

TASK 3 Finally, with your partner, choose one of the problems that you have discussed. Write what you will say at the council meeting. Tell why you think the issue is important and what can be done to solve it.

____

____

____

____

Nombre ______________________ Clase ____________ Fecha ____________

CAPÍTULO

El mundo en que vivimos

COMMUNICATIVE ACTIVITY 2B

SITUATION You and your partner are on the city or town council. You have been asked to make a presentation at the next meeting on the town/city's three major problems and solutions for each one.

TASK 1 Give your opinion on the three most serious problems and suggest solutions. You may wish to use some of the words in the box.

la contaminación	**el desempleo**	**la calidad del aire**
el hambre	**la drogadicción**	

MODELO A — En tu opinión, ¿cuáles son los tres problemas más serios en nuestra ciudad?
B — Me parece que.../Pienso que.../Opino que...
A — ¿Cómo podemos mejorar la situación de...?
B — Debemos.../Tenemos que.../Si no hacemos algo, advierto que...

TASK 2 Now ask your partner what he/she thinks are the three most serious problems in your town/city. Then ask him/her to suggest solutions for each one. Record his/her ideas below.

Los problemas	Las soluciones

TASK 3 Finally, with your partner, choose one of the problems that you have discussed. Write what you will say at the council meeting. Tell why you think the issue is important and what can be done to solve it.

____

____

____

____

Picture Sequences

¡Adiós al verano!

Cuenta la historia que se desarrolla en los siguientes dibujos.

¡A pasarlo bien!

Cuenta la historia que se desarrolla en los siguientes dibujos.

1

2
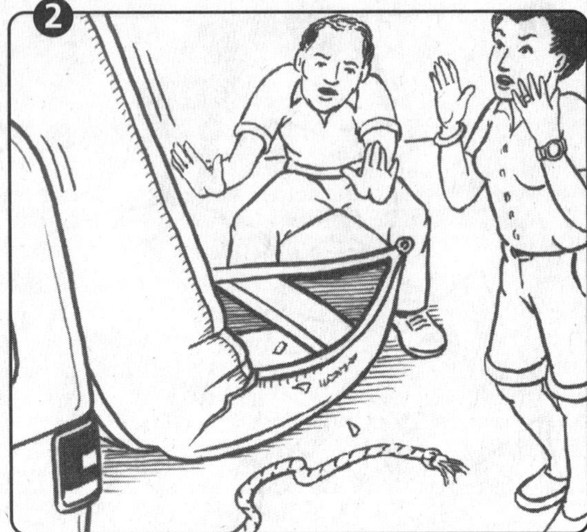

3
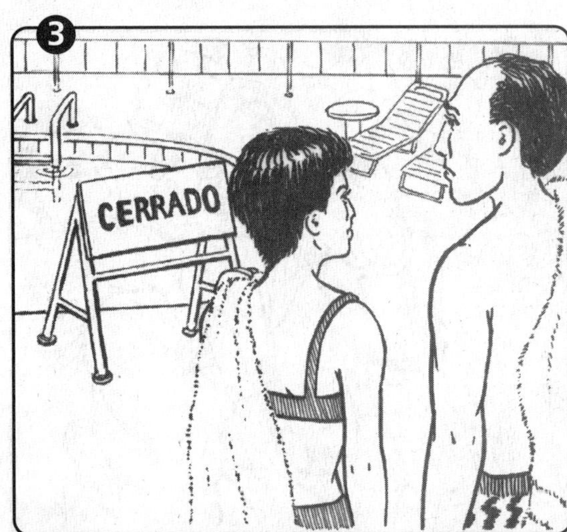

4

5

6

Nombre ______________________ Clase ______________ Fecha ____________

CAPÍTULO 3

Todo tiene solución

PICTURE SEQUENCE

Cuenta la historia que se desarrolla en los siguientes dibujos.

1

2

3

4

5

6

Nombre ______________________ Clase ______________ Fecha ______________

CAPÍTULO 4

Entre familia

PICTURE SEQUENCE

Cuenta la historia que se desarrolla en los siguientes dibujos.

1

2

3

4

5

6

Nombre ______________________ Clase ______________ Fecha ______________

CAPÍTULO 5

El arte y la música

PICTURE SEQUENCE

Cuenta la historia que se desarrolla en los siguientes dibujos.

1

2

3

4

5

6

CAPÍTULO 6

¡Ponte al día!

PICTURE SEQUENCE

Cuenta la historia que se desarrolla en los siguientes dibujos.

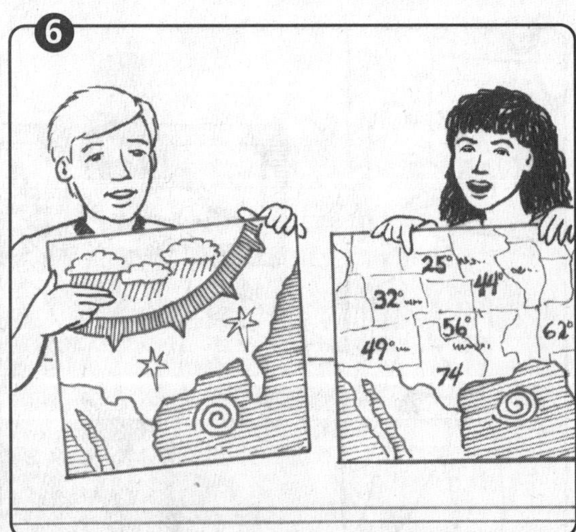

Nombre ______________________ Clase ______________ Fecha ____________

CAPÍTULO **7**

Mis aspiraciones

PICTURE SEQUENCE

Cuenta la historia que se desarrolla en los siguientes dibujos.

Nombre ______________________ Clase ______________ Fecha ____________

CAPÍTULO 8

¿A qué te dedicas?

PICTURE SEQUENCE

Cuenta la historia que se desarrolla en los siguientes dibujos.

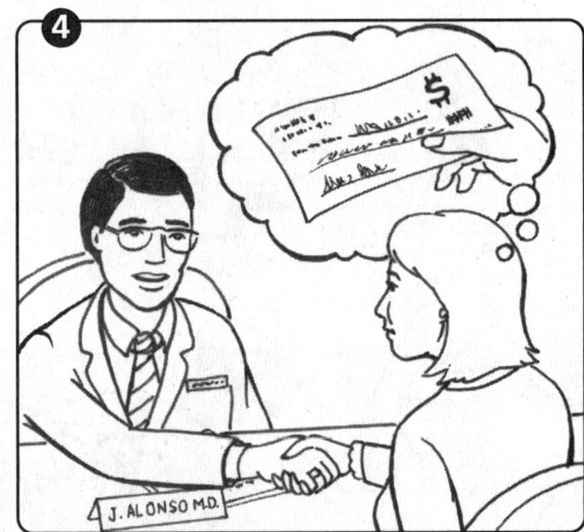

Nombre ______________________ Clase ______________ Fecha ______________

CAPÍTULO 9

Huellas del pasado

PICTURE SEQUENCE

Cuenta la historia que se desarrolla en los siguientes dibujos.

1
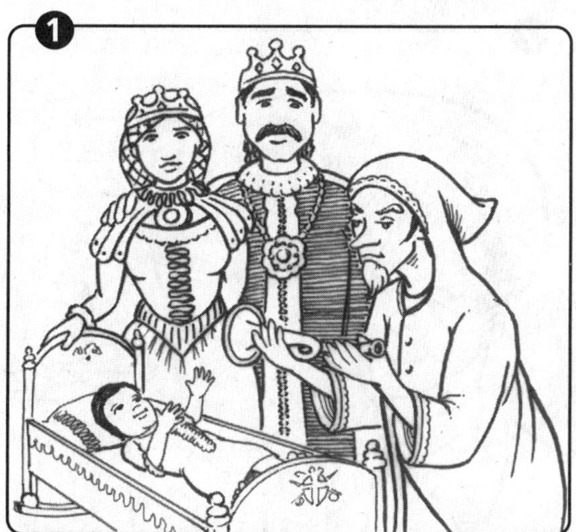

2

3

4

5

6

Nombre ______________________ Clase ______________ Fecha ____________

CAPÍTULO **10**

El mundo en que vivimos

PICTURE SEQUENCE

Cuenta la historia que se desarrolla en los siguientes dibujos.

1

2

3

4

5

6

Interpersonal Communication Cards

Nombre ______________________ Clase ______________ Fecha ____________

CAPÍTULO 1

¡Adiós al verano!

INTERPERSONAL COMMUNICATION: INTERVIEWS

Vocabulario 1/Gramática 1

Imagine you are one of the most popular movie stars of recent times. I am a reporter with *Celebridades* magazine, and I am interviewing you about your latest summer vacation. Naturally, you spent it doing amazing things.

Todos sabemos que Ud. volvió de un viaje largo y maravilloso, pero no sabemos los detalles. Cuéntenos, ¿adónde y con quién fue?

¿Cómo era el lugar que visitó?

¿Qué tal lo pasaron? ¿Se divirtieron?

¿Adónde aconseja que vaya la gente de vacaciones?

Vocabulario 2/Gramática 2

You are a grandparent and I am your granddaughter. I am doing a project at school on summer vacations, and I have to interview you to find out what your summer vacations used to be like as a child and where you have traveled.

¿Qué actividades le gustaba hacer durante el verano cuando era joven?

¿Jugaba algún deporte durante el verano?

¿Cuánto tiempo hace que participó en este deporte?

¿Qué va a hacer este verano? ¿Piensa Ud. salir de viaje?

Repaso

You are applying for a job as a camp counselor at the local beach. I am the head counselor, and I want to hire people who have varied experience with aquatic activities, but also with other activities for field trips and rainy days.

Veo que tiene mucha experiencia en deportes acuáticos. ¿Qué deportes practica? ¿Cuánto tiempo hace que los practica?

También nos gusta tener actividades culturales y hacer viajes. ¿Usted ha viajado? ¿Qué otros intereses tiene?

Algunos días hay tormentas tan fuertes que no podemos salir. ¿Qué se puede hacer en ese caso? ¿Qué actividades nos recomienda hacer?

Nombre ______________________ Clase ______________ Fecha ______________

CAPÍTULO

¡Adiós al verano!

INTERPERSONAL COMMUNICATION: ROLE-PLAYS

Vocabulario 1/Gramática 1

STUDENT A You are a travel agent. **Student B** wishes to book a trip to a mountain resort. Answer his/her questions and make suggestions for outdoor and rainy day activities, and explain train or bus schedules.

STUDENT B You wish to travel to a mountain resort but need help with schedules and help deciding what to do when you get there. You go to **Student A,** your travel agent, and ask his/her advice about outdoor and rainy day activities and train or bus schedules.

Vocabulario 2/Gramática 2

STUDENT A You are a shy and lonely teenager. You call **Student B,** a worker at an advice hotline, asking how you can make friends and become happier.

STUDENT B You work at an advice hotline. **Student A** is shy and lonely. You advise him/her on how to overcome shyness, make friends, join clubs, or participate in activities.

Repaso

STUDENT A You are a fortune teller. **Student B** is your client who has come to discover what his/her life will be like in college. Using the future tenses and the activities from this chapter, predict **Student B**'s future and give him/her advice.

STUDENT B You have just graduated from high school and are nervous about college. You go to **Student A,** who is a fortune teller, to ask for his/her predictions and advice about your future at college. You wonder what activities you'll participate in and how you will make friends. **Student A** has all the answers.

Nombre ______________________ Clase ______________ Fecha ____________

CAPÍTULO 2

¡A pasarlo bien!

INTERPERSONAL COMMUNICATION: INTERVIEWS

Vocabulario 1/Gramática 1

You are the coordinator of a study abroad program in Madrid. You are meeting with students interested in studying in the U.S. Answer their questions about social activities in the United States.

¿Puedo encontrar un equipo de jai-alai en Estados Unidos?

¿Puedo practicar el kárate a un nivel alto en la escuela secundaria?

¿Juegan en la computadora en Estados Unidos?

¿Sabe usted cuáles juegos son populares?

Vocabulario 2/Gramática 2

You work at a dating hotline. A man calls because his girlfriend has broken up with him. A friend calls because she is worried about her best friend's romantic relationship. Give them advice.

Mi novia me dejó plantado hace unas horas, y cuando llamé para hablar con ella, rompió conmigo. Estoy decepcionado. ¿Qué debo hacer?

Mi mejor amiga tiene un novio desleal. ¿Debo decírselo a ella? ¿Por qué?

Repaso

You are joining a singles network to meet someone perfect for you. Answer the questions about yourself and your ideal date.

¿Cómo es usted?

¿Qué intereses tiene usted?

¿Juega usted algún deporte?

¿Qué busca en un(a) novio(a)?

Nombre ______________________ Clase ______________ Fecha ____________

¡A pasarlo bien!

INTERPERSONAL COMMUNICATION: ROLE-PLAYS

Vocabulario 1/Gramática 1

STUDENT A You are a high school student who dislikes all sports, but you have to fulfill the physical education requirement to graduate. **Student B** is the gym teacher who is advising you. Explain that you were going to try some of the sports he/she suggests, but something always went wrong.

STUDENT B You are a gym teacher who is advising **Student A** on what gym class to take. **Student A** dislikes all sports, but perhaps you can invite him/her to try some alternative sports classes like fencing or archery.

Vocabulario 2/Gramática 2

STUDENT A **Student B**'s girlfriend/boyfriend cheats on him/her, lies, and is rude to everyone. As **Student B**'s best friend, advise him/her what to do.

STUDENT B You are **Student A**'s best friend, but you suspect that he/she is jealous of your relationship with your boyfriend/girlfriend. It's true that your romantic relationship isn't perfect, but you are working on it and would rather just have **Student A**'s support than his/her criticism.

Repaso

STUDENT A You are friends with **Student B,** an exchange student from Spain. You explain how dating works in the U.S. and what couples often do for dates, both the active couples and those who prefer quiet evenings. You also explain what most singles are looking for in a partner.

STUDENT B You are an exchange student from Spain. **Student A** is explaining what dating in the U.S. is like. You have many questions about what couples do for dates. You also want to know what makes the ideal partner in the U.S.

Nombre ______________________ Clase ______________ Fecha ______________

Todo tiene solución

INTERPERSONAL COMMUNICATION: INTERVIEWS

Vocabulario 1/Gramática 1

You are a teacher at a parent-teacher conference. The parents are very upset about the grades their son is getting in your class. Explain why the student isn't doing well and what he can do to get better grades.

¿Por qué Jaime no aprueba su curso?

¿No piensa usted que Jaime sea inteligente?

¿Qué puede hacer Jaime para mejorar sus notas?

Jaime dice que las pruebas son demasiado difíciles. ¿Puede usted cambiar las pruebas?

Vocabulario 2/Gramática 2

A writer doing research for an article on teenage relationships is interviewing you. Answer questions about why teens break up and give advice for relationships on the rocks.

En tu opinión, ¿por qué pelean los novios?

Cuando pelean, ¿los novios generalmente discuten, dejan de hablarse o tienen un malentendido?

¿Qué es lo que no se deben hacer los novios cuando se pelean?

En general, ¿cómo se reconcilian?

¿Cuál es la mejor manera de reconciliarse? ¿Por qué?

Repaso

You are a student representative to the school board. The board is trying to decide how to change policies on classes, teaching, and discipline in the school. Advise them.

Imagina que eres el (la) director(a). ¿Qué cambiarías en los cursos?

¿Ofrecerías cursos diferentes?

¿Cómo combatirías la discriminación en el colegio?

¿Cambiarías el horario?

Imagina que eres un(a) profesor(a) en el colegio. ¿Qué curso enseñarías? ¿Por qué?

Nombre ______________________ Clase ______________ Fecha ______________

Todo tiene solución

INTERPERSONAL COMMUNICATION: ROLE-PLAYS

Vocabulario 1/Gramática 1

STUDENT A You are a high school senior registering for classes. Your guidance counselor, **Student B,** is advising you on classes you must take to graduate. You do not like some classes, and you feel some teachers are unfair. You want to go to college, but don't know if it is worth the trouble.

STUDENT B You are a guidance counselor advising **Student A** on what courses to take. You are concerned that **Student A** is in danger of flunking out of school, never mind going to college. You think **Student A** lacks respect for the teachers. You try to resolve these problems.

Vocabulario 2/Gramática 2

STUDENT A Your friend, **Student B,** has just broken up with his/her girlfriend/boyfriend. You think the break-up is a mistake. Listen to your friend's story, and advise him/her on how to repair the relationship.

STUDENT B You have just broken up with your boyfriend/girlfriend. You go to your friend, **Student A,** to talk about your feelings and get advice. You are feeling hurt and mistreated, but you also aren't sure you should have broken up. Tell your story and listen to your friend's advice.

Repaso

STUDENT A You are a student with a busy schedule, lots of friends, and a boyfriend/girlfriend. You are stressed out about school, worried about the future, and have just had a fight with your boyfriend/girlfriend. You go to **Student B,** the school psychologist, for advice.

STUDENT B You are the school psychologist. **Student A** comes to you for advice about school work, relationships, and the future. Listen, ask questions, and then give advice.

Nombre ______________________ Clase ______________ Fecha ______________

CAPÍTULO 4

Entre familia

INTERPERSONAL COMMUNICATION: INTERVIEWS

Vocabulario 1/Gramática 1

There have been a lot of changes in your family lately. Your parents have gotten divorced. Your mother has remarried. Your brother and his wife have had a baby. I am your father, spending time with you and asking how you feel about all these changes.

¿Has hablado con tu cuñada hoy?

¿Cómo se siente?

¿Qué te parece el bebé?

¿Qué piensas de ser tío(a)?

¿Cómo te hace sentir tener un padrastro?

Vocabulario 2/Gramática 2

You are a chef at a very cutting-edge restaurant. I am a gourmet magazine reporter, interviewing you about your new menu and your cooking expertise.

La langosta me hace la boca agua. ¿Cómo la hizo?

Los frijoles no saben a nada, ¿por qué? ¿Cómo los preparó?

El bizcocho de limón está para chuparse los dedos. ¿Qué tiene?

¿Cuál es el plato preferido de la gente?

¿Tiene algún secreto de cocina que pueda compartir?

Repaso

I am your boyfriend/girlfriend, preparing a special meal for your family. Answer my questions about your family's tastes.

¿A todos les gusta la ensalada?

¿Qué vegetales prefieren tus hermanos? ¿Y tus padres?

Se me acabaron los frijoles. ¿Está bien?

¿A todos les gusta el puerco? ¿Les gusta asado o frito?

Preparé un bizcocho de chocolate. ¿Prefieren un postre diferente?

Nombre ______________________ Clase ______________ Fecha ______________

CAPÍTULO

Entre familia

INTERPERSONAL COMMUNICATION: ROLE-PLAYS

Vocabulario 1/Gramática 1

STUDENT A Your cousin, **Student B,** has been studying abroad for a year. You have a lot of family gossip to update him/her on. Most importantly, you are engaged! Describe the engagement ring. Your sister gave birth to a daughter. Your aunt and uncle (not your cousin's parents) are separated. You think they will soon divorce.

STUDENT B You have been studying abroad for a year and missed most of the family gossip. **Student A,** your cousin, is updating you on all the news. You are surprised, happy, and saddened by the news. Ask for details and give your reactions.

Vocabulario 2/Gramática 2

STUDENT A You and **Student B** are opening a café. **Student B** is the chef and you are the manager. You are sampling the food. Most of it tastes horrible. The shrimp is dry, the chicken is too spicy, and the vegetables have no taste. Ask **Student B** what happened.

STUDENT B You and **Student A** are opening a café. You are the chef and **Student A** is the manager. You were nervous the first day and some things went wrong. **Student A** has a lot of complaints. You explain that you ran out of items, forgot to add things, and got carried away with spices.

Repaso

STUDENT A You are a wedding coordinator, helping with last-minute planning for **Student B**'s wedding reception tomorrow. You are reviewing details about the guests, seating, and food. Many decisions have already been made, but some things are still to be done.

STUDENT B Your wedding reception is tomorrow. **Student A** is your wedding coordinator, reviewing details with you. You want to make sure that your divorced parents aren't sitting together, that someone has made all the food, and that the fruit salad has no melon in it, because your stepsister is allergic.

Nombre ______________________ Clase ______________ Fecha ____________

CAPÍTULO 5

El arte y la música

INTERPERSONAL COMMUNICATION: INTERVIEWS

Vocabulario 1/Gramática 1

Imagine you are Diego Rivera being interviewed by a premier Mexican art magazine. You are discussing your accomplishments thus far and your new mural of Mexico's history for the National Palace.

¿Cuál de todos sus murales le gusta más, los de los EE.UU. o los de México?

¿Cuál es su mural favorito? ¿Por qué?

Además de México, ¿en qué otro lugar se presentan sus murales?

Su mural en Rockefeller Center fue destruido. ¿Por qué?

Está trabajando en un mural nuevo, ¿no? ¿Puede comentarnos sobre eso?

Vocabulario 2/Gramática 2

You are the most popular singer of the year. You are being interviewed on a Mexican music video show. The interviewer hopes to get some advice for local amateur singers.

Sus canciones de amor son tan hermosas. ¿Escribe usted la letra y la melodía?

¿Qué tipos de canciones le gusta escribir? ¿Por qué?

¿Qué les sugiere a los cantantes jóvenes para que tengan éxito?

¿Había hecho otros tipos de arte antes de empezar a cantar profesionalmente?

Algunos críticos dicen que sus canciones son de mal gusto. ¿Qué piensa de eso?

Repaso

You are a children's guide at the local center for the arts. An elementary class is interviewing you about the art forms displayed and performed at the center.

¿Cuáles son las artes plásticas? ¿Y las dramáticas?

¿Qué tipo de arte le gusta más?

¿Cuál es mejor, el arte clásico o el arte moderno? ¿Por qué?

¿Qué diferencia hay entre una banda, una orquesta y una sinfónica?

¿Qué tipo de música sugiere que nosotros escuchemos? ¿Por qué?

El arte y la música

INTERPERSONAL COMMUNICATION: ROLE-PLAYS

Vocabulario 1/Gramática 1

STUDENT A You are an art critic on a television show that reviews art exhibitions. **Student B** is the other critic on the show. You often disagree. You prefer classic, impressive works of art and cannot tolerate crazy modern works. Your audience is entertained by how different yet strong your opinions can be.

STUDENT B You are an art critic on a television show that reviews art exhibitions. **Student A** is the other critic on the show. You often disagree. You prefer modern, original, and imaginative works of art and are bored by the traditional stuff. Your audience is entertained by how different yet strong your opinions can be.

Vocabulario 2/Gramática 2

STUDENT A You are a singer in a semi-professional chorus. You have your first concert this weekend. You want your friend, **Student B,** to come, but he/she is very busy. The concert is on Friday and Saturday nights, and Sunday afternoon. Invite and try to convince your friend to come.

STUDENT B Your friend, **Student A,** is a singer in a chorus. He/she invites and tries to persuade you to come to his/her concert this weekend. You aren't very familiar with choral music and aren't sure if you'll like it. Plus you are very busy this weekend. However, you are curious about choral music and want to support your friend if you can.

Repaso

STUDENT A Your sibling, **Student B,** is a struggling actor/actress who works days in a museum to get by. **Student B** calls asking for your advice on how to get ahead in his/her career. You think **Student B** should consider his/her day job more seriously. Try to convince **Student B** of the merits of being a museum guide versus acting.

STUDENT B You are a struggling actor/actress who works days in a museum to get by. You find the museum job boring and are really hoping your acting career takes off. You call your sibling, **Student A,** to ask for his/her advice. Should you continue at this museum job or dedicate all your time to acting? What good are museums, anyway?

Nombre ______________________ Clase ______________ Fecha ____________

CAPÍTULO 6

¡Ponte al día!

INTERPERSONAL COMMUNICATION: INTERVIEWS

Vocabulario 1/Gramática 1

You are a popular anchorman/woman on a major news network. I am a journalism student at a local university. I am interviewing you for advice on my career.

Mis profesores me dicen que es muy importante ser imparcial. ¿Es verdad?

¿Cómo puedo ser menos parcial?

Usted está muy bien informado(a). ¿Cómo lo aprende todo?

¿Qué debo hacer para estar mejor informado(a)?

¿Cuáles son las diferencias entre las emisoras y los periódicos?

Vocabulario 2/Gramática 2

You are the head editor of the local newspaper. I am a new employee at the paper. I am asking you how you want this week's issue laid out.

Hay dos artículos sobre la ropa en Italia. ¿Dónde debo poner los artículos?

Uno de los editores ha escrito su opinión sobre la censura. ¿Dónde pongo ese artículo?

La primera plana no tiene muchos titulares; ¿puedo mover las tiras cómicas a la primera plana? ¿Por qué?

¿Por qué ponemos la sección deportiva al final?

Repaso

You are a political analyst. A candidate for the Senate comes to ask your advice on her ad campaign. She wants to know which media is best for her advertising purposes: radio, newspaper, or television. Give your opinions persuasively.

¿Cuáles son los beneficios de la radio? ¿de los periódicos? ¿de la televisión?

¿Cuál ofrece más oportunidades para expresar mi opinión?

¿Debo usar más de uno?

¿Cuál es el más informativo? ¿el más popular? ¿el más imparcial? ¿Por qué?

Nombre ______________________ Clase ______________ Fecha ___________

CAPÍTULO **6**

¡Ponte al día!

INTERPERSONAL COMMUNICATION: ROLE-PLAYS

Vocabulario 1/Gramática 1

STUDENT A You are the host of a television talk show. You are interviewing **Student B,** a scientist, about ecotourism. You ask **Student B** for his/her opinion on the political and financial implications of ecotourism, and his/her suggestions to help travelers be up-to-date on environmental issues.

STUDENT B You are a scientist invited to speak on **Student A**'s talk show. You believe the local newspaper and TV channel should give detailed reports on the value of responsible ecotourism. You doubt that travelers are well informed about ecotourism and you want to prevent environmental problems.

Vocabulario 2/Gramática 2

STUDENT A You are interviewing for a summer internship at the local newspaper with **Student B,** the editor. You don't have much experience, but you really want to be a journalist. You don't care which section you have to write for, and you don't know much about anything, but you really want a chance to write.

STUDENT B You are an editor of a newspaper. **Student A** is a university student interested in a summer internship at the paper. You don't have many spaces available, but would like the free labor. You ask about **Student A**'s experience, interests, and writing abilities.

Repaso

STUDENT A You are an exchange student from Peru, staying with **Student B.** You want to hear what is going on politically, economically, and socially in your country. You find no information on television, radio, or in the newspapers. You ask **Student B** to explain.

STUDENT B You are hosting **Student A,** an exchange student from Peru. He/She is looking for news about his/her country, but can find none on television, radio, or in the papers. You explain what subjects these media sources usually cover and suggest alternate resources.

Mis aspiraciones

INTERPERSONAL COMMUNICATION: INTERVIEWS

Vocabulario 1/Gramática 1

You are an immigrant to this country and you are valedictorian of the senior class. I am helping you prepare your speech for graduation day.

¿Dónde te criaste?

¿Qué desafíos has enfrentado aquí?

¿De qué estás orgulloso(a)? ¿Por qué?

¿Cuáles son tus aspiraciones?

¿Quién te ha ayudado a alcanzar tus metas? ¿Cómo?

Vocabulario 2/Gramática 2

You are a candidate for the presidency of the United States. You are giving a press conference about your plans regarding this country's social, foreign, and economic future. Answer the reporters' questions.

¿Cómo piensa luchar contra la discriminación en este país?

¿Quién debe tomar la iniciativa en las negociaciones para alcanzar la paz mundial?

¿Qué va a hacer para que la gente pobre tenga más oportunidades de empleo?

¿Qué consejos le puede dar al país?

Repaso

You are bilingual and would like to start a multicultural club at school. You are talking to the principal about why you think this type of organization would be good for your school. Answer the questions he/she asks you.

¿Cuáles son las metas de este club?

¿Has tomado la iniciativa en algún proyecto similar antes?

¿Cuáles son las ventajas de reunir los diferentes grupos culturales de este colegio?

¿Cómo piensas que este grupo puede ayudar a resolver el problema de la discriminación?

Nombre ____________________ Clase ____________ Fecha ____________

Mis aspiraciones

INTERPERSONAL COMMUNICATION: ROLE-PLAYS

Vocabulario 1/Gramática 1

STUDENT A You are a foreign exchange student who is experiencing discrimination in school. You are trying to fit in, but the lifestyle differs so much from your own that you are finding it very difficult. You do not want to completely give up your traditions. You ask **Student B,** your host, for help.

STUDENT B You are hosting a foreign exchange student (**Student A**) who is having trouble in school. Listen to his/her problems and be supportive. Suggest ways that he/she might be able to overcome obstacles.

Vocabulario 2/Gramática 2

STUDENT A You are a child, making outlandish plans for your immediate, near, and distant future. **Student B** is the parent you are explaining your dreams to. Be as creative and far-fetched as you can.

STUDENT B Your child, **Student A,** has great plans for his/her life. Listen to his/her plans and then help make suggestions about how his/her dreams can be fulfilled and what obstacles he/she might face.

Repaso

STUDENT A You are a teacher. Your student, **Student B,** lacks initiative and is reluctant to start any work without having every step spelled out in detail. Try to explain what is important to accomplish in your class.

STUDENT B You are a student who lacks initiative. You will not do anything unless your teacher, **Student A,** explains it thoroughly, helps and supports you throughout the project, or clears all the obstacles from your path.

Nombre ______________________ Clase ______________ Fecha ____________

CAPÍTULO **8**

¿A qué te dedicas?

INTERPERSONAL COMMUNICATION: INTERVIEWS

Vocabulario 1/Gramática 1

You are a parent who works as a medical assistant. Your teenager is asking you about your job. Explain your job and your strengths and weaknesses to him/her.

¿Qué haces en el trabajo de auxiliar médico?

¿Qué tecnología usas en tu trabajo?

¿Qué pasa cuando un paciente no se mejora rápidamente?

¿Puedes curar a una persona inmediatamente? ¿Por qué?

¿Qué es lo más difícil para ti en tu trabajo? ¿Por qué?

Vocabulario 2/Gramática 2

I am your boss, asking for your input about working conditions and benefits at the company. Tell me what you think and what you would change.

¿Qué opina Ud. del ambiente de trabajo?

Si fuera jefe, ¿qué cambiaría del ambiente?

Muchos empleados dicen que el horario de trabajo es largo. ¿Cómo lo cambiaría Ud. sin afectar la producción?

¿Qué cambiaría en cuanto a los beneficios? ¿Por qué?

Si tuviéramos un programa de estudios, ¿lo usaría? ¿Por qué? ¿Qué estudiaría?

Repaso

You are interviewing for an internship as an assistant in the computer laboratory at your university. Explain your skills, experience, and benefit requirements.

¿Qué talentos tiene Ud. para la tecnología?

¿Qué es lo más difícil para Ud. en cuanto a la tecnología?

¿Tiene experiencia en utilizar sistemas de computadoras?

Si fuera el/la gerente del laboratorio, ¿cuáles sistemas mejoraría?

¿Qué prefiere, un empleo de tiempo completo o uno de medio tiempo?

¿A qué te dedicas?

INTERPERSONAL COMMUNICATION: ROLE-PLAYS

Vocabulario 1/Gramática 1

STUDENT A You are trying to sell an electronic planner to **Student B,** who knows nothing about technology. Explain the advantages and demonstrate the speed of the electronic planner. Try to convince **Student B** to improve his/her life by using this popular device.

STUDENT B You are shopping for a new daily planner. **Student A** is trying to sell you an electronic one. You know nothing about technology and do not understand how the electronic planner can be better than a paper calendar. You do not like change and do not think you are capable of programming electronic devices.

Vocabulario 2/Gramática 2

STUDENT A You are an administrative assistant for **Student B,** the boss of a large company. He/She is dictating a business letter to you to hire a new manager for the factory. **Student B** is being very brief. You must ask for clarification and offer suggestions.

STUDENT B You are the boss of a large company, dictating a letter to your administrative assistant, **Student A,** to hire a new manager for your factory. He/She must include information about benefits, salary, and requirements, but you do not give many details. **Student A** must add details, an opening and a closing, and get your approval.

Repaso

STUDENT A **Student B** is an exchange student staying with your family. You are sharing your dreams with him/her about what you want to be in the future, based on your current interests and skills. He/She doesn't understand, so you must explain each career and its benefits.

STUDENT B You are spending a semester abroad in the United States. **Student A,** your exchange brother/sister, is sharing his/her dreams of future careers. You do not understand all the terminology he/she uses. Ask for explanations and then help **Student A** decide which career to pursue.

Nombre _______________ Clase _______________ Fecha _______________

CAPÍTULO

Huellas del pasado

INTERPERSONAL COMMUNICATION: INTERVIEWS

Vocabulario 1/Gramática 1

You are a famous fairy tale writer being interviewed for a children's literary magazine. Answer the following questions.

¿Qué cuentos le gustan más, los de hadas o los de fantasmas? ¿Por qué?

¿Cómo son los personajes de sus cuentos?

¿Cuál es su cuento favorito? ¿Por qué?

En ese cuento, ¿quién es su personaje favorito? ¿Por qué?

No conozco ese cuento, ¿puede hacerme un resumen breve?

Vocabulario 2/Gramática 2

You are a history teacher explaining the events of a famous war. Answer your students' questions based on an actual war or a fictional one.

¿Por qué declararon la guerra?

¿Murieron muchos soldados?

¿Había mujeres soldados?

¿Qué batalla fue la más importante y dónde estaba el campo de batalla?

¿Cómo acordaron la paz?

Repaso

You are the director of a fairy tale play. You have just finished a rehearsal and your actors are asking about their performances. Answer their questions and tell them what you hope they will do better or differently next rehearsal.

Hago el papel de la princesa. ¿Soy la víctima de los soldados enemigos?

Hago el papel del príncipe. ¿Soy un hombre leal o un traidor?

Hago el papel de la reina, pero el sueño de mi vida es representar el personaje de mujer soldado. ¿Puedo cambiar de papel?

Hago el papel del rey. Es lamentable que yo muera. ¿Puede cambiar eso?

Huellas del pasado

Vocabulario 1/Gramática 1

STUDENT A You and **Student B** are movie critics. You have just seen a Hollywood version of *Sleeping Beauty.* You loved the scenery, the great acting of the princess, the handsome prince, the funny actors playing the king and queen, and the villainous magician.

STUDENT B You and **Student A** are movie critics. You have just seen a Hollywood version of *Sleeping Beauty.* You criticize the awful scenery, the horrible actress playing the princess, the untalented actor playing the prince, and the silly roles of the king and queen. The only redeeming part was the villainous magician.

Vocabulario 2/Gramática 2

STUDENT A You are a soldier who has returned from battle. **Student B** is a newspaper reporter interviewing you. You began the war with high hopes, thinking you would easily defeat the enemy and would never be afraid. You discovered that war was confusing and your impression of war is now quite different.

STUDENT B You are a reporter interviewing **Student A** about his/her recent experiences as a soldier of war. Ask about his/her hopes before going to war, and his/her overall impressions now that the war is over.

Repaso

STUDENT A You and **Student B** are young children playing on a playground. You are each sharing what you want to be when you grow up. You dream about being a hero/heroine, a great soldier, and a powerful leader.

STUDENT B You and **Student A** are young children playing on a playground. You are each sharing what you want to be when you grow up. You dream about being a rich prince/princess, living a fairytale life, falling in love, not working, and having everything come to you through magic.

Nombre ______________________ Clase ______________ Fecha ____________

CAPÍTULO 10

El mundo en que vivimos

INTERPERSONAL COMMUNICATION: INTERVIEWS

Vocabulario 1/Gramática 1

Imagine that you are a survivor of a volcanic eruption. You are being interviewed by a news reporter.

¿Dónde estaba Ud. cuando eruptó el volcán?

¿Causó mucha destrucción la erupción?

¿Puede describir la escena?

¿Sentía Ud. pánico? ¿Por qué?

¿Qué parte del desastre fue la más espantosa? ¿Por qué?

Vocabulario 2/Gramática 2

You have formed a conservation club in your high school. Answer the principal's questions about what your club will do.

¿Cómo va a contribuir ese club?

En tu opinión, ¿cuáles son los problemas más graves que afectan el medio ambiente?

¿Qué podemos hacer en nuestro colegio para resolver esos problemas?

¿Qué podemos hacer en nuestro colegio para conservar más?

¿Qué podemos hacer en nuestro colegio para apoyar la producción de productos orgánicos?

Repaso

You are the mayor of New York City. You are holding a state-of-the-city address. The members of the press have some criticism and questions for you.

¿Qué programas promueve Ud. para proteger el medio ambiente?

¿Por qué muestra indiferencia hacia la gente con enfermedades graves y sin seguro médico?

¿Qué está haciendo Ud. para combatir el crimen?

¿Qué fuentes de energía alternativas promueve para reducir la contaminación?

¿Cómo explica el hecho de que haya gente en nuestra ciudad sin comida y sin trabajo?

Nombre ______________________ Clase ______________ Fecha ______________

El mundo en que vivimos

INTERPERSONAL COMMUNICATION: ROLE-PLAYS

Vocabulario 1/Gramática 1

STUDENT A You are visiting your friend, **Student B,** in the hospital. He/She was in a serious car accident, but is recovering well. Ask **Student B** about the accident: how long ago it happened, what he/she was doing when it happened, where he/she was when it happened, and what was the most frightening part of the accident.

STUDENT B You have been in a serious car accident, but are recovering well in the hospital. Your friend, **Student A,** comes to visit you and asks all about the accident. You don't remember much, but you know you were in the car listening to the radio when another car hit you.

Vocabulario 2/Gramática 2

STUDENT A You are the owner of a large factory that produces electric cars, but the production process causes pollution. **Student B** is an environmental lobbyist asking you to change your production process. You predict that your production of electric cars will reduce pollution overall, and you argue that the law is in your favor.

STUDENT B You are an environmental lobbyist trying to get **Student B,** the owner of a large electric car factory, to conserve and to produce less pollution. You understand that the product is environmentally sound, but want a cleaner production process to protect air quality.

Repaso

STUDENT A Your friend, **Student B,** is an environmentalist concerned about an oil spill off the coast of Maine. You do not see this as a disaster, and predict it will be cleaned up quickly. You do not think **Student B** should panic. You advise that he/she go to the opening of a great new movie with you instead of going to Maine.

STUDENT B You are an environmentalist. You receive a report that an oil tanker just sank off the coast of Maine. You must respond quickly because the oil is contaminating the ocean. You try to urge your friend, **Student A,** to join you in the clean-up efforts.